Arthur Saliger

DER STEPHANSDOM ZU WIEN

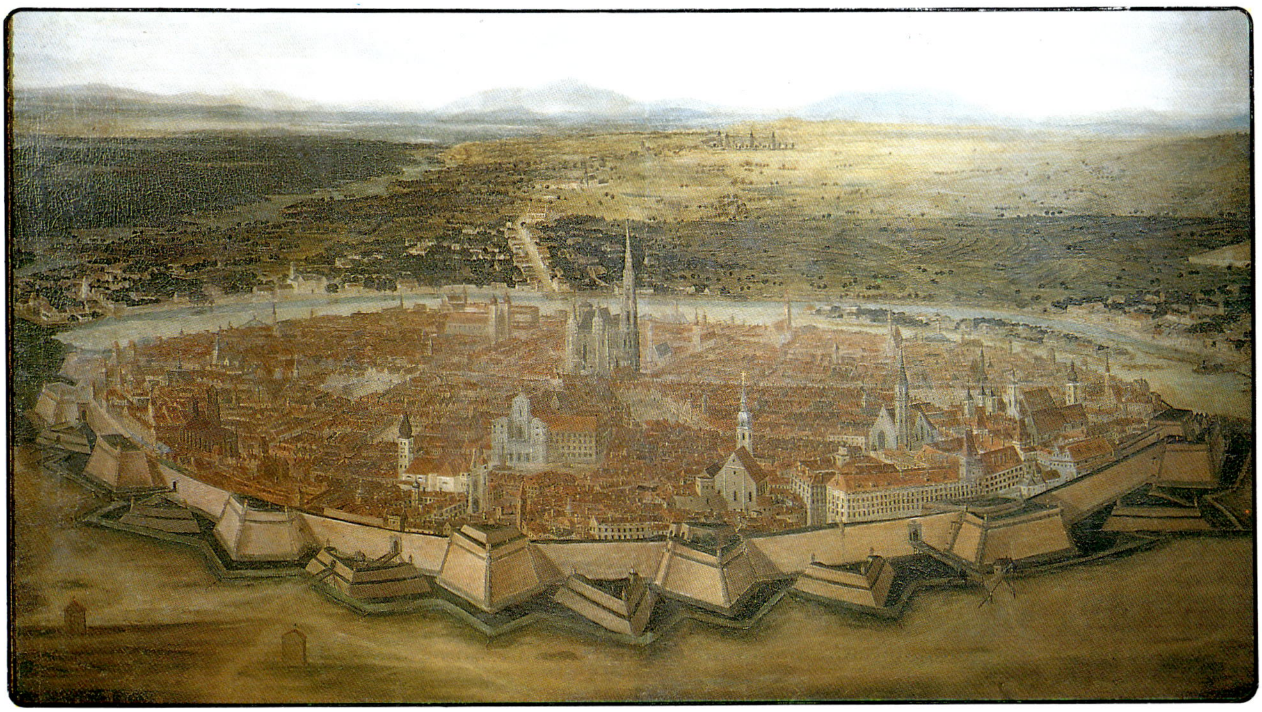

100 farbige Illustrationen

BONECHI VERLAG STYRIA

Vertrieb
für Österreich
VERLAG STYRIA
Schönaugasse 64
A-8011 GRAZ
Telex 31-1782
Fax 0316/8063-709

für die Bundesrepublik Deutschland
BUTZON UND BERCKER
Hooge Weg 71
D-4178 Kevelaer 1

Fotos aus dem Verlagsarchiv
der Casa Editrice Bonechi und
von Gianni Dagli Orti

Gedruckt in Italien vom
Centro Stampa Editoriale Bonechi

ISBN 3-222-12076-5

Inhalt

Einleitung 2
Außenansichten 3
Singertor, Riesentor 7
Innenansichten 10, 15, 28, 29
Gewölbeformen 13
Baldachinskulpturen 16
Baldachinaltäre 17, 18, 19
Capistran-Kanzel 20
Pilgram-Kanzel 21
Orgelfuß 26
Dienstbotenmadonna, „Zahnwehherrgott" 27
Wiener-Neustädter-Altar 30
Valentins- und Frauenaltar 33
Grabmal Rudolfs IV. 40
Grabmal Kaiser Friedrichs III. 41
Epitaphien 44
Taufstein in der Katharinenkapelle 47
Maria-Theresia-Oratorium, hl. Katharina im Altar der Katharinenkapelle 50
Bilder und Skulpturen im Dom- und Diözesanmuseum 51
Paramente 58
Skulpturen und Glasmalereien im Historischen Museum der Stadt Wien 60

◄ **Ansicht der Stadt Wien**
Domenico Cetto
1690, Ölmalerei auf Leinwand
(Historisches Museum der Stadt Wien)

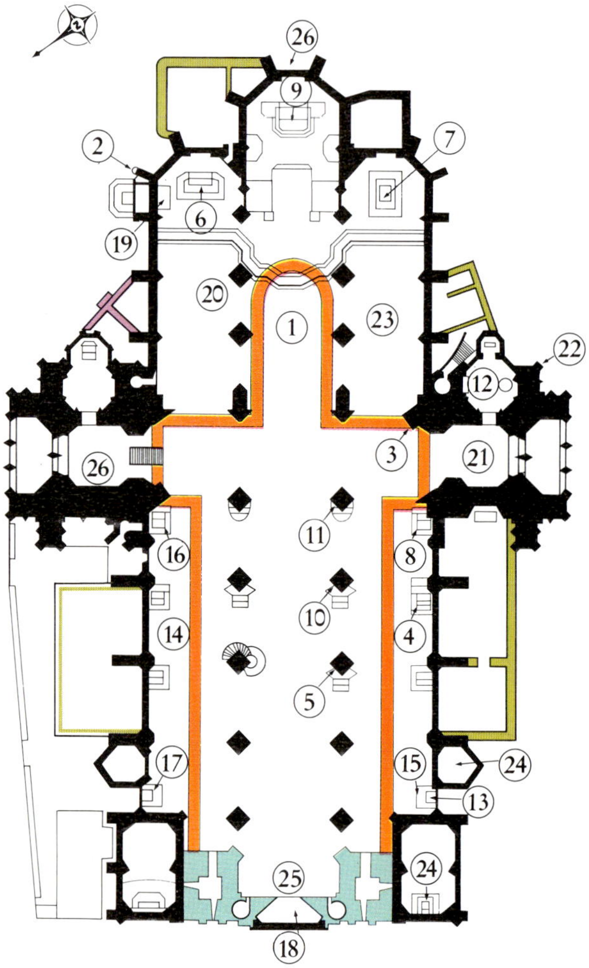

Vermuteter Grundriß des röm. Baus
Romanische Bauteile
Gotischer Bau
Barocke Zubauten
Zubau des 19. Jh.

1 Albertinischer Chor
2 Capistran-Kanzel
3 Dienstbotenmadonna
4 Dreifaltigkeitsaltar
5 Familien- bzw. Johannesaltar
6 Frauenchor, Wiener-Neustädter-Altar
7 Friedrichsgrabmal
8 Füchsel-Baldachin
9 Hochaltar
10 Januariusaltar
11 Josephsaltar
12 Katharinenkapelle (= Taufkapelle)
13 Maria Pötsch, Gnadenbild
14 Nördliches Seitenschiff
15 Oexl-Baldachin
16 Peter-Paul-Altar
17 Puchheim-Baldachin
18 Riesentor
19 Rudolfsgrabmal
20 Franz-Seraphicus-Altar
21 Singertor
22 Stephansturm = Hochturm
23 Südchor
24 Valentinsaltar
25 Westempore
26 Zahnwehherrgott (Original im Dom. Kopie außen)

EINLEITUNG

Als markantestes Wahrzeichen von Wien ist diese den städtebaulichen Mittelpunkt bis zum heutigen Tag bildende gotische Kathedrale in ihrem kunsthistorischen Rang ebenbürtig den Domen von Köln, Freiburg im Breisgau, Regensburg und Prag sowie der Kathedrale von Straßburg und dem Ulmer Münster. Der Wiener Stephansdom gehört somit zu den bedeutendsten gotischen Domen Mitteleuropas und kann schon allein deshalb führenden Anspruch behaupten, da er einen größeren Vollendungsgrad aufweist als die meisten genannten Vergleichbeispiele, die zu einem großen Teil und vor allem in wichtigen Bereichen (Köln, Ulm, Prag) erst im 19. Jahrhundert komplettierend ausgebaut wurden. Mit dem ehemals vorderösterreichischen Münster von Freiburg im Breisgau und mit der Kathedrale von Straßburg hat der Wiener Stephansdom ein besonderes Naheverhältnis durch den Umstand, daß der hohe Turm tatsächlich in seiner Entstehungszeit auch vollendet wurde. Gerade der Stephansturm (im Wiener Volksmund "Steffl" genannt) bildet auch im optischen Verband mit dem riesigen, die aus der Baugeschichte resultierenden heterogenen Partien des Domes vereinigenden Dach, den ästhetischen Mittelpunkt von Wien — der Turm wird zur vertikalen Achse des baulichen Ensembles der Stadt Wien.

Die einheitliche optische Wirkung dieses Wiener Wahrzeichens darf jedoch nicht über die wechselvolle Baugeschichte in ihrer Vielfalt hinwegtäuschen.

So gesehen erscheint den Einheimischen das vertraute Erscheinungsbild des Stephansdomes als gegebene Selbstverständlichkeit, wie er dem fremden Betrachter in seiner ersten optischen Begegnung als ungewöhnliche, prima vista nicht direkt vergleichbare, architektonische Schöpfung anmutet. Die optische Attraktion des schlanken, monumentalen, zugleich von einer Fülle von filigran wirkenden architektonischen Strukturen bei gleichzeitiger dekorativer Wirkung gekennzeichneten Turmes lenkt alle Aufmerksamkeit auf sich und läßt vielfach übersehen, daß der Turm nicht isoliert vom übrigen Bauwerk zu betrachten ist. Seine Stellung jedoch wie auch seine Dominanz fördern die Autonomie seiner ästhetischen Wirkung. Die einheitliche Wirkung, die sich dem Besucher im Betrachten des Domes offenbart, ist konträr zu den heterogenen Gegebenheiten der Baugeschichte, weshalb die ästhetische Abstimmung auf vorgefundene bauliche Gegebenheiten bei jedem baulichen Veränderungsgeschehen am Wiener Stephansdom gestaltprägende Devise gewesen sein muß.

Von der 1147 geweihten ersten romanischen Stephanskirche, die eine passauische Gründung war, sind nur mehr Fundamentreste und Erdgeschoßpartien im westlichen Turmpaar und im Vorbau des Westportales erhalten. Verläßlich kann jedoch erschlossen werden, daß dieser erste romanische Bau nur unwesentlich kleiner als das heutige, aus Umbauphasen der Gotik des 14. und 15. Jahrhunderts zustande gekommene architektonische Resultat gewesen ist.

Beeinflußt von im Grundriß nach Baugedanken des Regensburger Domes determinierten Gestaltungsprinzipien wurde der gestaffelt angeordnete Drei-Apsiden-Schluß des romanischen Vorgängerbaues räumlich so erweitert, daß drei Chorschiffe 1304-1340 als Hallenkirche entstanden. Neben möglichen westfälischen Einflüssen (Wiesenkirche in Soest) kam vor allem österreichische Gotik des 13. Jahrhunderts (ehemalige, heute nicht mehr bestehende Dominikanerinnenkirche in Tulln, Niederösterreich, vor allem aber die Chorhalle der Zisterzienser-Stiftskirche von Heiligenkreuz in Niederösterreich, geweiht 1295) als gestalterische Inspirationsquelle in Betracht. Offensichtlich von dem Wunsch nach der Errichtung eines Bistums in Wien getragen, erfolgte ein weiteres gotisches Umbauprojekt, das dem Langhaus, den beiden Doppelkapellen zu Seiten der spätromanisch/frühgotischen Westempore und der Errichtung je eines vor den ehemaligen Stirnseiten des romanischen Querhauses mittelaxial situierten monumentalen Hochturmes galt. Das Bauprojekt ergab unter Einbeziehung der spätromanischen Westpartie und mit den beiden monumentalen Osttürmen eine gotische Neuinterpretation jenes Bautypus, wie er bei den Kaiserdomen der Romanik mannigfaltig gestaltprägend war. Mit der 1359 erwähnten Grundsteinlegung wird allgemein der Baubeginn des südlichen Hochturmes angenommen, die Außenmauern des Langhauses wie auch die Doppelkapellen müssen jedoch gleichzeitig in Angriff genommen worden sein. Das Projekt eines monumentalen Nordturmes wurde fallengelassen, der Südturm durch die Einfügung eines großen Glockenstubengeschosses um etwa 30 Meter höher ausgeführt, als ursprünglich geplant gewesen ist. Der steinerne Turm ist 133 Meter hoch (mit dem bekrönenden Adler 137 Meter) und wurde 1433 vollendet. Das Verschleifen der einzelnen Geschosse durch vertikal emporschießende architektonische Gliederungsmotive, die jeweils unter versetzter Anordnung in gestaffelter Rhythmik emporwachsen und solcherart Struktur und Dekoration einander bedingen, sind die entscheidenden Gestaltungsfaktoren dieses mit architektonischer Raffinesse durchgestaltenen Turmes.

1440 wurde das riesige Dach errichtet, 1446 das Langhaus eingewölbt, um 1450 — freilich unter geändertem Plan — das Bauprojekt des großen Nordturmes begonnen und 1511 der Bau desselben eingestellt. 1556-1578 wurde die Kuppelhaube am Nordturm von Hans Saphoy ("Saphoy'sche Haube") errichtet, womit das Baugeschehen zum Abschluß gekommen war.

Ansicht des Stephansdomes von Westen

Der aus dem Häusermeer förmlich herauswachsende Dom mit dem zum Himmel emporstrebenden, 1433 vollendeten Stephansturm, von den Wienern „Steffl" genannt, dem Wahrzeichen Wiens. Diese Ansicht ist von der Laterne der Kuppel der (heute barocken) Peterskirche – der vermutlich ältesten Kirche Wiens – aufgenommen und vermittelt eine authentische Vorstellung von den wahrhaft riesigen Dimensionen des Daches, das, für sich genommen, um ein fünfstöckiges Haus höher ist als das Kirchenschiff des Domes, so daß die 65 Meter hohen spätromanischen Westtürme, die Heidentürme, trotz ihrer beachtlichen Dimension, optisch zu Türmchen werden.
Vor allem bringt diese Aufnahme die überaus schlanken Proportionen und die steile Akzentuierung der Bauglieder des Turmes, wie auch die Wechselwirkung von feingliedriger Struktur und filigranem Dekor zur Geltung: Dank dieser Wechselwirkung entsteht der Eindruck des ungebrochenen Emporwachsens des stetig sich bis zur Spitze verjüngenden Turmes. Jedes Baudetail hat an dieser Gestaltungstendenz des Höhendranges in harmonischer Abstimmung Anteil, ohne etwas von seiner formalen Eigenwertigkeit zu verlieren. Der steinerne Turm erreicht eine Höhe von 133 Metern, mit der metallenen Turmbekrönung des Doppeladlers und dem Kreuz mißt er beinahe 137 Meter.

Ansicht des Stephansdomes vom Graben ▸

Diese seit bald 150 Jahren bevorzugte Ansicht des Stephansdomes liefert wieder den optischen Eindruck eines geschlossenen Ganzen und läßt das „Fehlen" des Albertinischen Chores nicht vermissen. Deutlich ist zu sehen, daß die spätromanische Westpartie in das gotische Umbaugeschehen mit einbezogen wurde. Das hochaufragende Dach des Lang-

hauses vereinigt die Westpartie mit den gotisch erweiterten Doppelkapellen und der großzügig durchfensterten Langhauswand, der mit der Giebelflucht Schauwandcharakter zukommt. Es verschmilzt die einzelnen, ursprünglich so verschiedenen Bauteile und schafft eine zusätzliche Verbindung zum Hochturm, der in dieser Ansicht als logischer optischer Abschluß des Bauwerkes wirkt, obwohl sich tatsächlich östlich davon (also rechts, in der Ansicht jedoch nicht sichtbar) der Albertinische Chor erstreckt.

Der viertürmige Stephansdom

Diese Ansicht, vom Dachbereich des Erzbischöflichen Palais aufgenommen, bringt eine sonst viel zu wenig beachtete Tatsache ins Bewußtsein: Der Stephansdom ist – ähnlich den romanischen Kaiserdomen – viertürmig, wobei diese Viertürmigkeit nicht aus den äußeren Möglichkeiten im Baugeschehen zu erklären ist. Vielmehr dürfte der unter dem Habsburger Rudolf IV. fortgesetzte gotische Umbau – eingedenk dessen, daß Rudolf I., der erste Habsburger, der Königswürde erlangte, im Dom zu Speyer beigesetzt wurde – bewußt nicht nach dem Vorbild der französischen Kathedralen vorgenommen worden sein, sondern nach dem Vorbild der deutschen Kaiserdome. Dies, obwohl stilgeschichtlich enge Querverbindungen zur Prager Bauhütte bestanden, deren gestalterische Orientierung sich beim Bau des Veitsdomes an die französische Kathedralarchitektur anlehnte.

Tympanon des um 1359–1365 ausgeführten Singertores (südliches Langhausportal) mit der Darstellung von Szenen aus dem Leben des Apostels Paulus

Dieses kunsthistorisch einmalige Portal ist seit etwa 1440 durch einen polygonalen Vorbau geschützt. Speziell die im unteren Feld dargestellte Abfolge der Bekehrung Pauli (von links nach rechts: Ausritt des Saulus aus Damaskus, Sturz und Bekehrung mit der Erscheinung Jesu, der Jünger Ananias legt dem knienden Paulus die Hand aufs Haupt und macht ihn wieder sehend) stellt ein ausdrucksstarkes, mit kühnen Bewegungsmotiven und außerordentlicher Raumwirkung gestaltetes Kunstwerk dar. Das aus einem monolithischen Steinblock gehauene Relief nimmt einen Spitzenrang in der damaligen Kunstepoche ein. Im oberen Bogenfeld sind Taufe und Martyrium des hl. Paulus dargestellt.

Gewändeskulpturen ▶

Singertor: Katharina von Luxemburg, Gemahlin Herzog Rudolfs IV., mit Wappenträger

Statt der in einem Portalgewände zu erwartenden Figuren aus der Heiligen Schrift oder Heiligendarstellungen sind beim Singertor Stifterdarstellungen vorzufinden. Die Betonung der Darstellung des Herrschergeschlechtes hatte damals bei den Habsburgern bereits eine Tradition von einem halben Jahrhundert. Nunmehr bemächtigt sich diese Tradition auch des Außenbaues und der Portale, wobei hier nicht nur Selbstdarstellung, sondern auch eine dienende Funktion ausgedrückt sein will.

◀ Gewändeskulpturen des spätromanischen Riesentores, am Hauptportal auf der Westseite

Im Schmuckreichtum dieses Portals kommt die spätromanische Ornamentik der Stauferzeit zur Geltung, in der Struktur der Kapitelle drückt sich durch die auskragenden Formen aber schon die beginnende Gotik aus. Die friesartige Kämpferzone (zwischen den Kapitellen und den beginnenden Bögen) ist in damals traditioneller Weise mit Blattwerk geschmückt, das durch Fabelwesen bereichert wurde. Die Apostelbüsten weisen auf die „Maiestas Domini“ (den thronenden Christus) und damit zugleich auf das Jüngste Gericht hin.

Singertor: Herzog Rudolf IV. von Österreich, genannt der Stifter, mit Wappenträger

Wie seine Gattin Katharina von Luxemburg (Tochter Kaiser Karls IV.) ist der Herzog hier gleichfalls mit seinen Insignien in beinahe freier Entfaltung des Körpers dargestellt. Seine Stifterfunktion wird durch das Kirchenmodell in seiner rechten Hand demonstriert.

Inneres des Mittelschiffes: Blick vom Albertinischen Chor in das Langhaus zur Westempore und Blick vom Langhaus zum Chor

Im Akkord mit den Gewölben bilden die mit Baldachinstatuen besetzten Pfeiler einen an große Portale gemahnenden optischen Eindruck. Die Homogenität in der künstlerischen Gesinnung über die zeitlich heterogenen Phasen des Baugeschehens hinweg – der Chor wurde 1304 bis 1340, das Langhaus von etwa 1359 bis 1440 errichtet – kommt in der gestalterischen Beziehung zwischen älteren und jüngeren Bauphasen zum Ausdruck, wenngleich beim Langhaus, in der Folge der stilistischen Entwicklung, eine für die Spätgotik charakteristische Formenbereicherung und Detailentfaltung in individueller Weise zur Geltung gebracht ist.

Vom Blickpunkt des Bildes mit Sicht zur Westempore sind die barocken Pfeileraltäre überhaupt nicht zu sehen. Ein Beweis für die maßvolle Einordnung auch in späteren Ausstattungsphasen ohne Verzicht auf die Entfaltung der spezifischen Einzelformen auch jüngerer Epochen, wie die Aufnahme mit Blick zum Chor erkennen läßt. ▶

Historische Innenansichten des Stephansdomes

Stich von Melchior Seltsam aus dem Jahr 1816 (Historisches Museum der Stadt Wien) mit Blick vom Chor zum Langhaus und zur Westempore.
Deutlich sind die wenig später entfernten Funeralwappen von der Beisetzung Kaiser Friedrichs III. im Stephansdom aus der Endphase der Gotik zu erkennen (heute im Historischen Museum der Stadt Wien), ebenso ist der Schalldeckel noch über der Kanzel (heute auf dem Taufstein im Dom) und auf der Empore das Gehäuse der barocken Orgel zu sehen.

Älteste erhaltene Innenansicht des Domes

Eine mit „LB“ signierte und 1647 datierte, in der Tradition der niederländischen Kircheninterieurbilder stehende Ansicht in Ölmalerei auf Leinwand. Dieses Bild zeigt das Aussehen des Domes zum Zeitpunkt der Fertigstellung des frühbarocken Hochaltares und weitere, heute durch hoch- und spätbarocke Altäre ersetzte frühbarocke Altäre sowie einen gotischen Altar und die spätgotische Orgel auf dem Füchsel-Baldachin. (Das Bild befindet sich im Erzbischöflichen Dom- und Diözesanmuseum in Wien.)

Gewölbe des 14. Jahrhunderts

Am Südturm befindet sich, östlich von dessen Erdgeschoß, die Katharinenkapelle, die über einem regelmäßigen achteckigen Grundriß errichtet wurde. Dieser auffallend steil proportionierte Raum wird von einem aus acht dreistrahligen Rippenfigurationen gebildeten Gewölbe geschlossen, von dem ein Schlußstein – ähnlich dem in der Sakristei des Veitsdomes in Prag – herabhängt. Dieser Schlußstein trägt ein Relief der hl. Katharina von Alexandria, die als Schutzpatronin der Wissenschaft verehrt wird. Das Patrozinium dieser Kapelle steht damit im Zusammenhang mit der Gründung der Universität Wien durch Herzog Rudolf IV. Krone, Rad, Schwert und Buch sind die Attribute der hl. Katharina, die gerädert und mit dem Schwert enthauptet wurde.

Im Albertinischen Chor sind die Pfeilergliederungen, die aus kräftigen und zarten Diensten (stabförmige Viertel-, Halb- oder Dreiviertelsäulen, die als Pfeiler- oder Wandvorlagen zur Stützung des Gewölbesystems dienen) und verschiedenförmigen Hohlkehlen bestehen, auf die Führung der Gewölberippen abgestimmt. Dabei unterscheiden sich die Arkadenbögen in ihrer größeren Dimension und ihrem reicheren Profil von den einheitlich zarten Gurtbögen und Diagonalrippen der Kreuzrippengewölbe.

Langhausgewölbe gegen Mitte des 15. Jahrhunderts

Die im Chorgewölbe bereits sichtbare Verschiedenartigkeit von Arkadenbögen und einheitlicher Gewölbefigurationen von Gurtbögen und Diagonalrippen kommt im Langhaus – sowohl im Mittelschiff (rechte Aufnahme) als auch im Seitenschiff (linke Aufnahme) – in gesteigertem Maß zur Geltung. Hier ist auch die Gewölbefiguration als solche formal ungleich vielgestaltiger als im Chor.

Langhauspfeiler mit Barockaltären ▸

Neben der reicheren Profilierung unterscheiden sich die Langhauspfeiler von denen des Chores außerdem durch die Bündelung und Staffelung der Statuenbaldachine. Die heute barocken Pfeileraltäre aus der Zeit um 1700 – vorwiegend nach Entwürfen von Matthias Steinl – sind, wie ältere Innenansichten beweisen, an Stelle früherer gotischer bzw. frühbarocker Altäre errichtet worden.

Spätgotische Baldachinskulpturen im Langhaus

Es wird vielfach übersehen, daß in den Langhausbaldachinen ein bislang weitgehend unbeachteter Zyklus spätgotischer Skulpturen von unterschiedlichem Werkstattniveau aus dem 2. Viertel des 15. Jahrhunderts erhalten ist, wogegen jedoch die Pfeilerplastik im Chor künstlerische Spitzenwerke aufweist, die 100 Jahre früher entstanden sind. Diese Statuen im Langhaus – vorwiegend Steinskulpturen – haben vielfach noch Bestände an älteren farbigen Fassungen mit beachtlichen Anteilen der spätgotischen Originalfassung.

Puchheim-Baldachin, darunter der Herz-Jesu-Altar mit einem Herz-Jesu-Bild aus dem 18. Jahrhundert

Nur noch im Dom zu Regensburg hat sich ein ähnlich bedeutungsvolles Ensemble von gotischen Baldachinaltären erhalten wie im Wiener Stephansdom. Von den drei Baldachinaltären in St. Stephan ist der Puchheimsche im nordwestlichen Langhauseck der älteste, zu dem außerdem eine originale Werkzeichnung erhalten ist, was selten der Fall ist.
Bei dieser Gelegenheit sei erwähnt, daß in Wien relativ viele solcher Werkzeichnungen zu finden sind.
Die Wiener Planrißsammlung – heute zum kleineren Teil im Historischen Museum der Stadt Wien, zum größeren im Kupferstichkabinett der Akademie der bildenden Künste aufbewahrt – ist die mit Abstand größte der Welt. Mit 298 Rissen liegt sie im Rang weit vor der zweitgrößten Sammlung in Straßburg, die 28 Risse besitzt.
Dieser Puchheimsche Baldachin wird meist Hans Puchsbaum zugeschrieben.
Links neben dem Baldachinaltar der Eingang zur Grabkapelle des Prinzen Eugen, Österreichs größtem Feldherrn, mit einem kunstvoll geschmiedeten Barockgitter.
Anschließend das Grabmal des Humanisten Cuspinian († 1529) und darüber ebenfalls ein Epitaph, das Hans Rechwein gewidmet ist und dessen Relief den Übergang von der Gotik zu Formen der Renaissance zeigt.

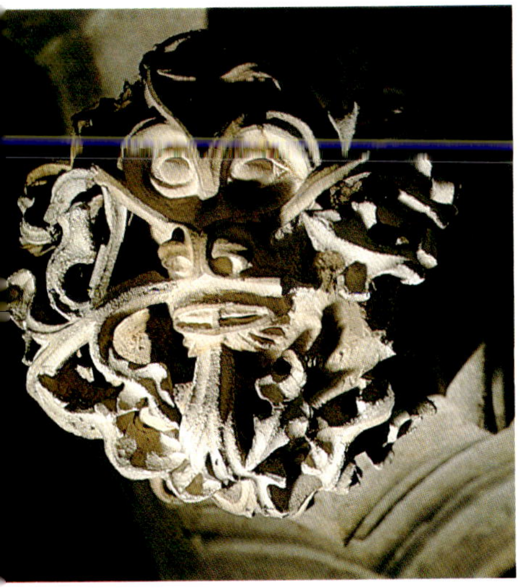

Blattkonsole mit Maskaron unter dem Füchsel-Baldachin

In das Gestrüpp der Maßwerkkonsole des scheinbar frei von der Wand herabhängenden Eckbereiches ist ein tierähnliches Fratzengesicht (Maskaron) eingebunden. Das Ineinanderfließen der Formen führt hier zu einer figurativen Einheit.

◂ Füchsel-Baldachin

Dieser im Südosteck des Langhauses errichtete Baldachin, mit einer darüberliegenden Empore, ist 1448 von privater Seite – von der Bürgerfamilie Füchsel – gestiftet worden und geringfügig jünger als der Puchheim-Baldachin, der im Nordwesteck des Langhauses steht.
Auf der Empore befand sich die 1514 geweihte berühmteste Orgel von St. Stephan, auf der auch Paul Hofhaymer seinerzeit spielte. Unter dem Baldachin befindet sich ein neugotischer Altar aus dem Jahr 1903, der dem hl. Leopold, dem Landespatron, geweiht ist.
Dieser Baldachin macht den Eindruck eines massiven Körpers, auf den das gotische Maßwerk appliziert wurde, während der Puchheim-Baldachin eher von leichter, schwebender Gestalt ist.

Oexl-Baldachin

Dieser Baldachin aus dem frühen 16. Jahrhundert steht im Südwesteck des Langhauses. Darunter befindet sich das 1697 aufgestellte Gnadenbild Maria Pötsch, dem der Sieg des Prinzen Eugen bei Zenta über die Türken zugeschrieben wird. Diese Ikone stammt aus dem nordungarischen Dorf Pócs.

Dornenkrönung Christi

Teil des spätgotischen Passionszyklus von etwa 1460 an der östlichen Außenwand des südseitigen Anbaues an den Chor.

Die Capistran-Kanzel an der nordöstlichen Außenseite des Chores

Nach der lokalen Tradition soll auf dieser Kanzel Johannes von Capistrano 1451 gegen die Türkeneinfälle gepredigt haben, weshalb nach dem Sieg über die Türken (Eroberung von Belgrad 1456) die barocke Apotheose errichtet wurde. Zu seinen Füßen liegen besiegte Türken. Die Kanzel aus dem späten 14. Jahrhundert war jedoch vermutlich immer eine Außenkanzel und diente wahrscheinlich zum Zeigen der Reliquien.

Kanzel

Aufgrund der physiognomischen Ähnlichkeit des unterhalb der Kanzelstiege porträtierten Künstlers („Fenstergucker") mit dem Porträt Anton Pilgrams aus Brünn unter dem „Orgelfuß" des Domes (signiert „M A P", datiert 1513), das ihn gegenüber dem Kanzelporträt gealtert zeigt, kann diese auch im architektonischen Formenrepertoire ältere Kanzel Meister Anton Pilgram zugeschrieben werden. Über einem schlanken Stiel, der von Baldachinbündeln umstellt ist, entwickelt sich ►

der ausladende Kanzelkorb mit von innen nach außen dringenden, von Maßwerken begleiteten und wie gewunden wirkenden Kielbögen. Diese Bögen bilden ihrerseits die optische Konsole für die Kanzelbrüstung, die aus weiteren „Fenstergucker" – den aus baldachinartigen Fensternischen blickenden vier lateinischen Kirchenvätern – besteht. Die Kanzel, das berühmteste Werk Pilgrams, ist vermutlich im letzten Jahrzehnt des 15. Jahrhunderts entstanden.

Über diesem filigranen Gebilde des an Metallkunstarbeiten erinnernden Kanzelfußes erhebt sich in gesteigerter Feingliedrigkeit ein doppelter Kranz an von innen nach außen dringenden Kielbögen, der die kelchartige Kanzelkonsole korbartig umringt.

◀ Besteht die Kanzel selbst aus drei Steinblöcken, so ist die in kühnem kurvigem Schwung verlaufende Treppe mit der von Maßwerken durchbrochenen Balustrade in der lückenlosen Kontinuität eines „einfach" aussehenden, jedoch aus vielen Steinen kompliziert gefügten Gebildes ein spezifisches Meisterwerk von ganz seltener steinmetzgemäßer Präzision.

◀ Detail aus dem Kanzelfuß, in dem die Härte der kräftig den Steinblock aushöhlenden Bearbeitung und der gestalterischen Entmaterialisierung des Steinblockes zur Geltung kommt.

Kirchenväter an der Kanzelbrüstung

Kirchenväter, das sind Theologen, bei denen vier Kennzeichen verwirklicht sein müssen: rechtgläubige Lehre, persönliche Heiligkeit, ausgezeichnete wissenschaftliche Leistung und ausdrückliche Anerkennung durch die Kirche. In der lateinischen Kirche werden seit dem 8. Jahrhundert vier hervorgehoben: Ambrosius, Hieronymus, Augustinus und Gregor I.
Diese vier „Fenstergucker“ werden traditionell auch als physiognomische Studien der vier Temperamente nach Hippokrates interpretiert. Demnach wäre – von links nach rechts betrachtet – der hl. Augustinus der Melancholiker, der hl. Gregor der Phlegmatiker, der hl. Hieronymus der Choleriker und der hl. Ambrosius der Sanguiniker. Die Meisterschaft Pilgrams in der Darstellung der ausgeprägten Individualität und Lebendigkeit beim Nachdenken und Sinnieren über die Heilige Schrift ist kaum zu überbieten.

Meister Pilgram, der „Fenstergucker“ am Kanzelfuß

Im Vergleich zum Orgelfuß ist der physiognomisch gleichartig Porträtierte offensichtlich als jüngerer Mann dargestellt, weshalb, in Übereinstimmung mit dem Architekturstil der Kanzel, diese als sein älteres Werk angesprochen werden kann. Das selbstsicher wirkende Porträt Pilgrams vermittelt im beinahe anekdotisch wirkenden Hervorlugen hinter dem soeben zur Seite gewendeten Fensterladen den Stimmungsgehalt eines selbstbewußten und erfolgssicheren Künstlertums.

Dienstbotenmadonna

Diese Madonna ist in ihrer sanften Schwingung nicht nur eine Gestalt von höfischer Grazie, sie ist auch in ihrer Zuwendung zum Jesuskind, mit dem sie durch einen Schleier verbunden ist, von einer starken Ausdrucksprägung. Die körperliche Verfestigung und die von Eigenwertigkeit gekennzeichnete Stofflichkeit in der Gewandbehandlung läßt eine Entstehung um 1320/25 vermuten. Wahrscheinlich diente diese Skulptur, eine der schönsten Madonnenstatuen ihrer Zeit, als Andachtsbild für den ehemaligen Marienaltar im Frauenchor.

Schmerzensmann, „Zahnwehherrgott“

Eine der zahlreichen Schmerzensmann-Skulpturen an der Außenseite des Domes ist diese Halbfigur des die Wundmale herzeigenden Christus. Sie ist vermutlich um 1420/30 entstanden und heute im Turmgeschoß des Nordturmes im Original aufgestellt.

◂ Orgelfuß

Über einem „Fenster“, aus dem Meister Anton Pilgram blickt, versehen mit Zirkel und Winkelmaß, den Insignien des Dombaumeisters, erhebt sich eine Konsole aus Sechsecken in versetzter Anordnung. Darüber entfalten sich schlingenrippenartige Figurationen, die die auskragende Orgelempore, wie Blumenblätter, kelchartig unterfangen. Die Porträtbüste zeigt noch weitgehend die ursprüngliche Farbgebung. Sie stellt den Meister in gebeugter Haltung mit angespannten Gesichtszügen dar.
Die Inschrift unter dem Fenster trägt das Monogramm MAP (Meister Anton Pilgram) und die Jahreszahl 1513.

Innenansicht des nördlichen Seitenschiffes

Dieses Kirchenschiff wirkt, für sich betrachtet, als eigenständiger Kirchenraum mit betonter Längsachse. Harmonisch sind Wandgliederung und Gewölbeformation des Langhauses auf das Chorschiff im Hintergrund (Frauenchor) abgestimmt. Gegenüber dem Chor weisen die Langhausschiffe eine größere Anzahl von Gewölberippen und reichere Rippenprofile sowie eine dekorative Vielfalt der Pfeilerbaldachine auf.
Im Hintergrund ist der Wiener-Neustädter-Altar zu sehen. Links davor steht das Hochgrab Herzog Rudolfs IV. und seiner Frau Katharina von Luxemburg.

Innenansicht des Südchores

Durch die Aufstellung des riesigen Grabmals Kaiser Friedrichs III. durch Niclaes Gerhaert van Leyden wirkt das an den Palastkapellentypus der Sainte-Chapelle in Paris gemahnende Südchorschiff als eigenständige Grabeskirche. Die Sainte-Chapelle hat mit ihrer „Glashaus"-Tendenz die Architektur der Chöre von gotischen Langhäusern in Mitteleuropa stark beeinflußt. Eine dynamische Wirkung entsteht dadurch, daß Gurt- und Diagonalrippen im Gewölbe gleichartig sind, die Arkaden jedoch kräftigere Profile aufweisen. Der Erfindungsreichtum in der Maßwerkfiguration zeigt sich am Stirnfenster des Chorabschlusses.

Wiener-Neustädter-Altar – Werktagsseite und Sonntagsseite

Dieser spätgotische, vierflügelige Wandelaltar wurde unter Verwendung älterer Teile für das Neukloster in Wiener Neustadt zusammengesetzt. Seine Predella trägt die Jahreszahl 1447. Er befindet sich seit 1883 in St. Stephan und wurde 1952 im Frauenchor aufgestellt. Im komplett geschlossenen Zustand, der Werktagsseite (oben), sind, in vier Register aufgeteilt, Statuenreihen von Heiligen vor dunklem Grund, im halbgeöffneten Zustand, der Sonntagsseite (rechts), solche vor Goldgrund dargestellt. Im ganzen sind an den Innen- und Außenflügeln 72 Heiligengestalten, je drei pro Feld, zu sehen. Trotz dieser regelmäßigen Gruppierung sind die Bilder durch die unterschiedliche Darstellung der Figuren, durch das gegenständliche und landschaftliche Beiwerk keineswegs monoton.

Wiener-Neustädter-Altar – Feiertagsseite bei offenem Schrein

Im Schrein unten Maria mit dem Jesuskind, flankiert von den Mädchenheiligen Barbara und Katharina, die noch der internationalen Gotik formal verbunden sind und daher wohl kaum nach 1420 geschaffen sein können, während darüber die Gruppe der Marienkrönung durch die Hl. Dreifaltigkeit um 1430 entstanden sein dürfte. Desgleichen gehören die Flügelreliefs links oben (Marienkrönung), rechts oben (Marientod) und rechts unten (Anbetung der Könige aus dem Morgenland) der Zeit um 1420 an, während das Relief links unten (Geburt Christi) um 1430 entstanden sein dürfte.
Der Wiener-Neustädter-Altar ist wohl der bedeutendste Altar des Stephansdomes.

Andachtsbild im Frauenaltar

Von einem gotischen Altar – oder Epitaphium – stammt dieses um 1470/80 entstandene Andachtsbild, das um 1700 im Frauenaltar zweitverwendet wurde. Zu Füßen der Gottesmutter, die von Engeln gekrönt wird, ist die kniende Stifterfamilie zu sehen. Links der Mann mit zwei Söhnen, rechts die beiden Frauen, die erste mit drei, die zweite mit vier Töchtern. Himmlische und irdische Dimensionen, wie sie in ihren Größenverhältnissen von den Menschen des Mittelalters gesehen wurden, kommen hier sinnfällig zum Ausdruck.

Valentinsaltar in der Eligiuskapelle

Die aus der Zeit um 1360 stammende Eligiuskapelle enthält den um 1500 entstandenen Valentinsaltar. In traditioneller Weise stehen im Schrein drei Heiligenfiguren: der hl. Valentin, umgeben von Ottilie und Barbara. Zu Füßen des hl. Valentin ist der expressive Kopf eines Krüppels zu sehen. Oben im Gesprenge eine Ecce-homo-Statue unter einem Baldachin.

Peter-Paul-Altar

Zu Füßen des Orgelfußes erhebt sich, über einer gotischen Mensa, der um 1677 in Holz ausgeführte Altar. Das Altarbild zeigt die beiden Apostelfürsten. Links die Statue des hl. Leopold, rechts die des hl. Heinrich II.

Hochaltar ▶

Der 1647 von Jakob Pock (Architektur und Skulpturen) und von Tobias Pock (Malereien) ausgeführte heutige Hochaltar zeigt die Steinigung des hl. Stephanus vor der Stadtmauer von Jerusalem. Dieses Altarbild wird flankiert von den beiden Landespatronen Leopold und Florian (links und rechts innen) sowie den beiden Pestpatronen Sebastian und Rochus (links und rechts außen).

Januariusaltar

Bei allem individuellen, dem eigenen Stilprinzip treuen Gestaltungswillen schmiegt sich dieser Barockaltar in geschickter Anpassung an den spätgotischen Arkadenpfeiler. Entwurf von Matthias Steinl, Altarbild – der hl. Januarius über dem Golf von Neapel – von Martino Altomonte. Statuen: links hl. Karl Borromäus, rechts hl. Nikolaus. Januarius war Bischof von Neapel und ist durch das seit 1389 belegte Blutwunder bekannt.

Familien- bzw. Johannesaltar

Der Einfallsreichtum Matthias Steinls kommt in dieser Altararchitektur deutlich zur Geltung, wobei wiederum, bei Grundriß und Aufbau, die Anpassungsfähigkeit an den spätgotischen Arkadenpfeiler zu bewundern ist. Das Altarbild mit der Hl. Sippe, der Verwandtschaft Mariens, stammt von Johann Michael Rottmayr, 1708.

Franz-Seraphicus-Altar

Entwurf Matthias Steinl, Altarbild – Stigmatisierung des hl. Franz von Assisi – von Johann Michael Rottmayr, 1715. Das Altarbild ist räumlich nach hinten versetzt, wodurch eine perspektivische Wirkung erzielt wird. Im Aufsatzbild die hl. Ursula, von hl. Frauen umgeben. Links und rechts die Statuen des hl. Virgil und hl. Cassian.

Dreifaltigkeitsaltar

Um 1740, Altarentwurf vermutlich von Georg Raphael Donner, Altarbild von Michelangelo Unterberger, einem Professor der Wiener Kunstakademie. Im Mittelpunkt des Bildes ein aufgeschlagenes Buch mit den Worten „Intres unum sunt“.

Josephsaltar ▸

Der hl. Joseph wird mit dem Christuskind auf dem Arm dargestellt. Der Entwurf des Altars stammt von Matthias Steinl, das Altarbild von Anton Schoonjans, einem Wandermaler aus Antwerpen. Steinl trug den Titel „kaiserlicher Kammerbeinstecher“ und war ein ungemein vielseitig begabter Künstler, der sich als Stecher, Bildhauer, Elfenbeinschnitzer, Architekt, Goldschmied, Stukkateur und Kunstschlosser betätigte.

Rudolfsgrabmal

Dieses Hochgrab für Herzog Rudolf IV., den Stifter, und seine Frau, Katharina von Luxemburg, befand sich ursprünglich in der Mitte des Chormittelschiffes als Monument beim Abgang zur Herzogsgruft. Es wurde gegen 1360 errichtet, 1647 seitwärts in den Hochchor versetzt und steht seit 1952 nächst dem Wiener-Neustädter-Altar. In den Nischen befanden sich einst Trauerfiguren mit Darstellungen der Professoren der Wiener Universität, die von Rudolf IV. gegründet wurde. Die beiden Liegefiguren aus Sandstein sind in der Art spätgotischer Verlobungsbilder einander an den Schultern zugewendet, sie dürften ursprünglich teilweise vergoldet und mit Edelsteinen besetzt gewesen sein.
Wie im Mittelalter üblich, hat der Stifter dieses Grab zu seinen Lebzeiten in Auftrag gegeben. Rudolf heiratete als Vierzehnjähriger die elf Jahre alte Tochter Kaiser Karls IV. Mit 19 Jahren hat er die Regierung in Österreich übernommen, aber schon mit 26 Jahren war sein Leben zu Ende. Katharina überlebte ihn noch 30 Jahre.

Grabmal Kaiser Friedrichs III.

Dieses Hauptwerk der spätgotischen Grabmalkunst ist zugleich auch eines der Hauptwerke von Niclaes Gerhaert van Leyden. Er war zu seiner Zeit der bedeutendste niederländische Bildhauer, dessen Wirken die europäische Plastik nördlich der Alpen in der zweiten Hälfte des 15. Jahrhunderts nachhaltig beeinflußte. 1469 mit dem Werk beauftragt, war es zum – vermutlich 1471 erfolgten – Tod des Meisters noch nicht vollendet, jedoch im bildhauerisch figuralen Teil – abzüglich der Seitenreliefs – großteils eigenhändig bzw. unter seiner Aufsicht von Meistern bearbeitet gewesen. Konzeption und großteils auch Ausführung im figuralen Bereich können daher als Werk seiner künstlerischen Handschrift angesprochen werden. Die umlaufende Balustrade diente als brückenartiger Laufsteg für das Ritual des Umschreitens und der Beräucherung mit Weihrauch. Die Balustrade enthält auf den Stützen die Darstellung von Christus und den zwölf Aposteln (eine Anspielung auf die Wiederkunft Christi beim Jüngsten Gericht) und in den Arkaden die habsburgischen Familienheiligen bzw. Hausheiligen. Am Hochgrab sind in den Pfeilern – in der Tradition der Totenwache – ideale Ahnherren als Repräsentanten der Fürstentümer dargestellt, während die Reliefs die geistlichen Stiftungen des Kaisers zeigen. Am Gesimse sind – in der Tradition der Trauergestalten auf Grabdenkmälern – die Vertreter geistlicher und weltlicher Institutionen dargestellt, während am Tumbadeckel das ganzfigurige Porträt des Kaisers im Ornat, umgeben von seinen Wappen und Herrschaftsattributen, zu sehen ist.

Tumbadeckel des Friedrichsgrabes

Die Bildauffassung der altniederländischen Porträtmalerei des Jan van Eyck ist hier ins Skulpturale umgesetzt: Das Gesicht bringt ein völlig in sich versunkenes Stillesein zum Ausdruck, Gewand und Schmuck sind dagegen sehr lebendig gestaltet.

Dieser Tumbadeckel hat ein Gewicht von ca. 8700 kg. Er besteht aus Adneter Marmor und wurde auf dem Wasserweg 1479 nach Wien transportiert, um zur Bearbeitung nach Wiener Neustadt verfrachtet zu werden. Zu diesem Zweck mußte von der Stadt Krems die Lafette eines schweren Geschützes ausgeborgt werden. Die Brücken über den Wiener Stadtgraben mußten verstärkt, die Straßen verbessert werden. In Adnet, einem kleinen Dorf in der Nähe Salzburgs, wird seit der Römerzeit Marmor abgebaut. Adneter Marmor wird in aller Welt verwendet.

Eckpfeiler der Balustrade des Friedrichsgrabes (links), Eckpfeiler am Hochgrab (rechts).

Balustrade des Friedrichsgrabes mit Totensymbolik am Sockel des Hochgrabes (links) und Physiognomie eines Pfeilerapostels desselben Monumentes (rechts), dessen künstlerische Bildauffassung und deren Rang das Wirken einer Meisterhand verrät.

Epitaphien

Das Grabmal des Johannes Keckmann, rechts vor dem Eingang in die Eligiuskapelle, zeigt ein Relief mit Gregorianischer Messe (Meßfeier für einen Verstorbenen an 30 aufeinanderfolgenden Tagen, benannt nach Papst Gregor d. Großen, dem angeblichen Urheber), um 1510 (oben links). Der obere Teil dieses Epitaphs ist etwas später entstanden (etwa 1515–1520).

Grabstein für den Wiener Bürger Andre Feder, datiert 1510, der sich in der Eligiuskapelle befindet (oben rechts).

Epitaphium für Conrad Celtes, 1508, Freund Albrecht Dürers und Professor an der Wiener Universität (unten). In der Mitte des Lorbeerkranzes das Wort Vivo (ich lebe). Das Grabmal enthält viele antike Formen. Man erkennt daran das Ende der mittelalterlichen Frömmigkeit. Es wird dem seiner „kaiserlichen Majestät Grabmacher" Michael Tichter zugeschrieben, der am Friedrichsgrab gearbeitet hat.

Epitaphien

Auch die Epitaphien, die nicht in höfischem Auftrag entstanden sind, zeigen hohe Qualität und sind von kulturgeschichtlichem Interesse, auch wenn sie den künstlerischen Rang kaiserlicher und herzoglicher Grabmonumente nicht erreichen.
Im frühen 16. Jahrhundert hat sich der Grabmaltypus des Ädikula-Reliefs herausgebildet, der lange Zeit bestimmend war: Eine zentrale Figur wird in einem Rahmen von der Form eines kleinen Tempels dargestellt, wobei die phantasievolle Vielfalt der ädikularen Einfassungen auffällt.

Grabplatte für Bischof Georg Slatkonia, den ersten in Wien tatsächlich regierenden Bischof und Begründer der heute noch bestehenden Institution der Wiener Sängerknaben (oben links). Eine ungemein ausdrucksvolle plastische Darstellung, die dem berühmten Bildhauer Loy Hering zugeschrieben wird.

Grabplatte des Bischofs Faber, die eine gewisse Ähnlichkeit mit der Bischof Slatkonias aufweist, aber weit weniger plastisch gearbeitet ist (unten rechts).

In der Eligiuskapelle befindet sich das Epitaph des Domherrn und Professors Johann Kaltenmarckter (oben rechts). Links unter dem Kreuz Hieronymus mit dem Löwen, rechts Kaltenmarckter mit seinen beiden Schutzpatronen: Johannes der Evangelist (mit Kelch) und dahinter Johannes der Täufer.

Epitaphien

Cuspinian-Epitaphium von 1529. Cuspinian, Frühhumanist, war Vertrauer Kaiser Maximilians I., Gesandter in Ungarn, Böhmen und Polen, Gelehrter und Rektor der Wiener Universität (oben).

Barockes Epitaphium des 17. Jahrhunderts (unten links).

Epitaphium für Prinz Eugen, den großen Türkenbefreier, den wissenschaftlich wie auch künstlerisch vielseitig gebildeten Savoyer, in der Tirnakapelle, 1736 (unten rechts).

Taufstein in der Katharinenkapelle

Dieser Taufstein aus Salzburger Marmor zeigt die vier Evangelisten am Sockel und in den Flachnischen des Beckens Christus Salvator, die zwölf Apostel und den Kirchenpatron Stephanus. Er wurde 1481 von einem von Niclaes Gerhaert beeinflußten lokalen Künstler geschaffen. Der Deckel aus Holz, der in der Form einer Turmfiale gleicht, zeigt oben die Taufe Jesu, darunter die sieben Sakramente.

Seiten 48/49:
Figurengruppe am Deckel über dem Taufstein in der Katharinenkapelle.
Links: Sakrament der Taufe.
Rechts: Sakrament der Ehe.
Dieser Deckel hing seit dem 16. Jahrhundert bis 1945 als Schalldeckel über der Kanzel von Anton Pilgram, stammt jedoch nicht von ihm. Anläßlich einer Restaurierung wurde er als zum Taufstein passend empfunden und hierfür adaptiert.
Die Reliefs zählen zu den bedeutendsten der Zeit um 1480.

Oratorium für Maria Theresia, um 1740

Porträt Herzog Rudolfs IV., des Stifters ▸

(Dom- und Diözesanmuseum)

Unter den Gemälden des Dom- und Diözesanmuseums gehört die Tafel mit dem Porträt Herzog Rudolfs IV. von Habsburg zu den bedeutendsten. Das Bild, das einen der wichtigsten Bauherren des Stephansdomes darstellt, wurde um 1365 gemalt. Es wird als ältestes erhaltenes Porträt bezeichnet, das den Dargestellten im Dreiviertelprofil zeigt – im Gegensatz zu der aus der römischen Münzkunst stammenden Tradition der reinen Profildarstellung.

Hl. Katharina im Altar der Katharinenkapelle

Katharina, Königstochter aus Alexandria, Namenspatronin der Gemahlin Herzog Rudolfs IV., Patronin der von ihm gestifteten Universität Wien, hat angeblich 50 heidnische Philosophen zum Christentum bekehrt und ist wegen ihres Glaubenszeugnisses gerädert und enthauptet worden. Rad und Schwert zählen deshalb zu ihren Attributen. Diese Skulptur ist in signifikanter Form von den Gestaltungstendenzen der Madonnen der internationalen Gotik („Weicher Stil") geprägt und steht in kunsthistorischer Wechselbeziehung zur Iglauer Madonna, könnte aber geringfügig älter sein und daher noch vor 1400 datiert werden.

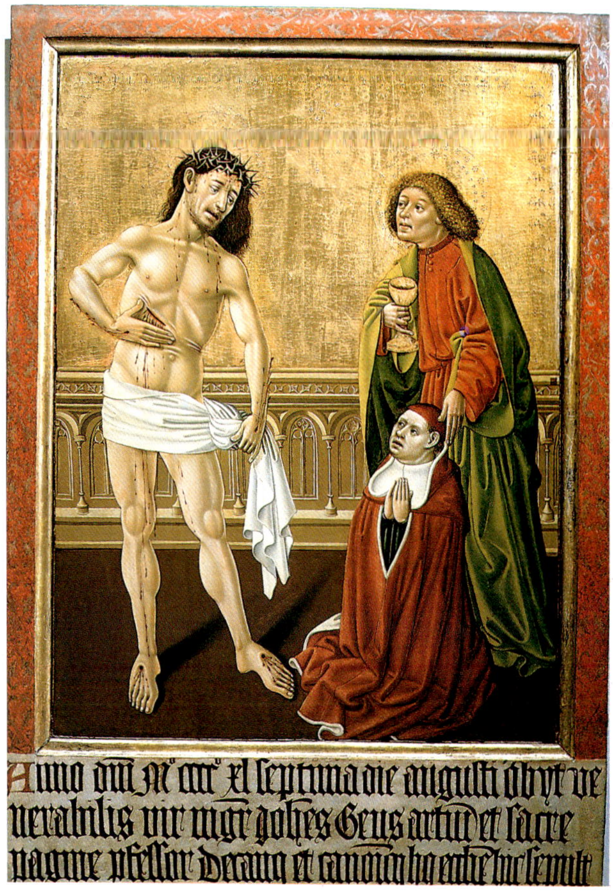

Epitaphium des Domherrn Johannes Geus

(Dom- und Diözesanmuseum)

Es ist dies das einzige datierte („1440") Tafelbild des Albrechts-Meisters, einer in Wien tätigen Malerpersönlichkeit, die dem Rang eines Lukas Moser, Konrad Witz und Hans Multscher ebenbürtig und von der altniederländischen Künstlergeneration des Meisters von Flémalle und des Jan van Eyck nachhaltig beeinflußt ist (oben rechts). Geus war Rektor der Wiener Universität. Der hl. Thomas steht an seiner Seite. Christus zeigt auf seine Wundmale.

Errichtung der Stiftskirche von Klosterneuburg

Detail aus einem Tafelbild von Rueland Frueauf (Stiftssammlungen Klosterneuburg), Ende 15. Jahrhundert. Das Bild gewährt Einblick in die Vorgangsweise mittelalterlichen Baugeschehens. Spitzhammer, Meißel, Lineal und Holzschlegel sind gut zu erkennen.

Skulpturen im Dom- und Diözesanmuseum

Bereits im 19. Jahrhundert sind Originalskulpturen aus dem Dom gelegentlich der damals umfassenden und durchgreifenden Restaurierungen in den Besitz des Historischen Museums der Stadt Wien gekommen, die klimatisch gefährdet gewesenen Skulpturen des Außenbaues wurden durch Kopien ersetzt. Die im Dom weitgehend funktionslos verbliebenen Kunstwerke, wie auch gefährdetes Kunstgut aus dem Raum der Erzdiözese Wien, gelangten in das 1932/1933 gegründete, 1972/1973 neugeordnete und 1985/1987 erweiterte Dom- und Diözesanmuseum. Dieses bildet in seinen Beständen nicht nur eine Komplettierung über die Kunstentwicklungen in Österreich, sondern es beherbergt Kunstwerke von europäischem Rang von mitunter singulärer Bedeutung.

Erlacher Madonna

(Dom- und Diözesanmuseum)

Eine stark westlich geprägte, liebliche Madonnenstatue, um 1325, aus Erlach bei Pitten in Niederösterreich.
Sie steht in der Tradition der Madonnen, wie sie an den Mittelpfeilern der französischen Kathedralen des 13. Jahrhunderts zu sehen sind. In der linken Hand hielt sie vermutlich einen Apfel, das Zeichen des Sündenfalls, von dessen Auswirkungen Jesus, der kommende Erlöser, befreite.

Hl. Rochus

(Dom- und Diözesanmuseum)

Skulptur von einem Altar des Domes aus der Pilgramzeit, um 1500. Rochus, Pestpatron, heilte angeblich an der Wende vom 13. zum 14. Jahrhundert als Pilger in Italien viele Pestkranke. Er selbst wurde von der Pest befallen (er zeigt auf die Pestbeule an seinem rechten Bein), gesundete aber wieder.
Die Rochus-Skulptur gehört zur einstigen spätgotischen Ausstattung des Stephansdomes, der immerhin insgesamt 48 mittelalterliche Altäre in sich barg.

Kreuzabnahme ▸

(Dom- und Diözesanmuseum)

Polychromierte Holzskulpturengruppe, die wahrscheinlich für eine frühere Lettnerausstattung diente und um 1340 zu datieren ist. Für die Ikonographie diente der mystische Dialog des Anselm von Canterbury, wonach er, im Traum, Maria nach ihren Gefühlen bei der Passion Christi befragte, als literarische Wurzel. Stilistisch sind Beziehungen sowohl zu Frankreich als auch zur Toskana für diese skulpturale künstlerische Schöpfung relevant.

59 KREUZABNAHME
um 1340

Antwerpener Schnitzaltar
(Dom- und Diözesanmuseum)

Er stammt aus einer Zeit, bevor die Antwerpener Schnitzaltäre – in zugegeben hoher künstlerischer Qualität, aber kompositionell von geringer Originalität – beinahe serienmäßig hergestellt wurden.
Von Kaiser Franz Joseph für Schloß Ambras/Tirol zunächst erworben, diente der Altar aus Pfalzel bei Trier über ein Jahrhundert lang als Ausstattungsstück der Wiener Votivkirche und gelangte aus konservatorischen Sicherheitsüberlegungen ins Dom- und Diözesanmuseum. Er ist bei weitem der bedeutendste dieser flämischen Schnitzaltäre, um 1460 entstanden und in seiner beinahe komplett originalen farbigen Fassung

wie auch in seiner bildkünstlerischen Gestaltungsweise das skulpturale Äquivalent zur früheyckischen Malerei.
Das dargestellte Geschehen läuft von links nach rechts ab. Im linken Feld ist die Kreuztragung zu sehen, in der Mitte unten die Kreuzannagelung, darüber die Kreuzigung und im rechten Feld die Kreuzabnahme und Beweinung Christi.
Die aufwendige, verschwenderische Bemalung dieses aus Eichenholz geschnitzten Altares ergibt ein buntes, farbenfrohes Bild.

Oben: Kreuztragung, linker Teil.
Unten: Kreuzabnahme und Beweinung.

Beweinung Christi
(Dom- und Diözesanmuseum)

Auch dieses vielfarbig bemalte Relief ist im Farbcharakter von der altniederländischen Malerei beeinflußt. In seinem Ausdruckswert zeigt sich der niederländische Einfluß, vermittelt durch das Wirken des Niclaes Gerhaert, des Schöpfers des Friedrichsgrabmals, in Wien und Wiener Neustadt.

Das Holzrelief stammt vermutlich von einem spätgotischen Flügelaltar aus der „Buckligen Welt" im südöstlichen Niederösterreich. Links von Maria Joseph von Arimathäa, der sich von Pilatus den Leichnam Jesu erbat und ihn in einem Felsengrab bestattete. Daneben der jugendliche Apostel und Evangelist Johannes. Auf der rechten Seite drei Frauenfiguren in sehr bewegten Haltungen.

Neben Maria eine mädchenhafte, liebliche Gestalt mit langem, offenem Haar, daneben, mit dem Salbengefäß, Maria Magdalena und rechts davon eine größtenteils verdeckte Figur, deren Trauer sehr intensiv zum Ausdruck kommt.

Tabernakel

(Dom- und Diözesanmuseum)

Dieser Tabernakel, eine frühbarocke Arbeit aus Palermo, stand einst auf einem Altar des Domes.
Bunte Marmorsorten, teilweise intarsiert, wurden hier verwendet. Die Kapitelle der Säulen und ihre Basen sind aus Messing.

Ober-St. Veiter Altar

(Dom- und Diözesanmuseum)

Der Name erklärt sich aus seinem früheren Aufbewahrungsort im Schloß Ober-St.Veit (heute Wien XIII).
In seinem geöffneten Zustand zeigt er Szenen aus der Passion: Kreuztragung, Kreuzigung und auf der rechten Tafel die Auferstehung.
Bei Albrecht Dürer einst in Auftrag gegeben, steht er mit zahlreichen Skizzen Dürers stilistisch in Verbindung.
Hans Schäufelein, ein Schüler Dürers, hat das Werk als Zusammenfügung aus mehreren Entwürfen geschaffen.
Es ist der bedeutendste Kreuzigungsaltar der altdeutschen Malerei des frühen 16. Jahrhunderts.

Paramente

Von links nach rechts: Kasel des Breuner-Ornates (1647), Pluviale des Eleonoren-Ornates (1697), Marienkasel (Ende 17. Jahrhundert), Päpstliche Kasel (um 1740).
Von den weitgehend komplett erhaltenen und an hohen Festtagen in der Liturgie verwendeten Ornaten bilden die beiden aus dem 17. Jahrhundert einen besonderen Schwerpunkt im historischen Altbestand der Prunkparamentenkammer in der Domsakristei: der 1647 vollendete „Breuner-Ornat“ (anläßlich der Konsekration des frühbarocken Hochaltars angefertigt, benannt nach dem damaligen Bischof Philipp Graf Breuner) in seinem intensiven roten Grundton und mit stark plastischen, im Formenrepertoire an Grotesken erinnernden Goldstickereien und der 1697, anläßlich der Einbringung des Gnadenbildes Maria Pötsch (Pócs) aus Ostungarn von der Kaiserin Eleonore gestiftete „Eleonoren-Ornat“ mit prächtig buntem Laub- und Bandwerkdekor sowie mit figuraler, an die Wirkung von Mosaiken erinnernder Stickerei.

Dem späten 17. Jahrhundert gehört die in intensiven Buntfarben gehaltene „Marien-Kasel" mit reichem floralen Dekor und figuraler Stickerei mit einbezogenen Glanzlichtern an, während die „Päpstliche Kasel" als Geschenk von Papst Pius VI., anläßlich seines 1782 erfolgten Besuches im Stephansdom, gestiftet wurde. Sie ist eine Arbeit aus der Zeit um 1740.

Stifterskulpturen vom Südturm ▸
(Historisches Museum der Stadt Wien)

Diese um 1360/65 entstandenen hochrangigen, überlebensgroßen Monumentalskulpturen geben dem hohen internationalen Rang der nicht zuletzt durch die Wiener Dombauhütte erklärlichen Stellung der bildenden Künste in Wien im 14. und 15. Jahrhundert authentisch Ausdruck.
Herzog Albrecht II. (links), Vater von Rudolf IV., dem wichtigsten Bauherrn des Domes, ist sowohl in der Individualisierung seiner Pose als auch in den betont porträthaften Gesichtszügen ein Kunstwerk besonderer Stellung. Kaiser Karl IV. (rechts), Vater von Katharina von Luxemburg, der Gemahlin Rudolfs IV., ist in seiner die Statuarik durchbrechenden Weise, durch eine spontan wirkende Körperwendung auf eine Bezugsperson orientiert.

Skulpturen vom Dom

(Historisches Museum der Stadt Wien)

Oben: Junger König aus einer Epiphanie (um 1390).
Unten links: Anna selbdritt, um 1320 (Marienbüste um 1360), die im Skulpturenprogramm oberhalb der Südturmvorhalle vielleicht zweitverwendet war.
Hl. Paulus von der Südturmvorhalle, um 1380 (unten rechts).

◄ **Glasmalereien aus dem Dom**
(Historisches Museum der Stadt Wien)

Auch die Glasmalerei hat, analog zur Architektur und dem skulpturalen Schaffen, höchsten internationalen Rang inne, wobei die Architekturscheiben (in der unteren Reihe der Abbildungen) Planrisse (links) und Architekturporträts (rechts – an die Heidentürme erinnernd) in die Glasmalerei transponieren. Wie die Portale von dynastischen Stifterfiguren flankiert werden, so kommt das dynastische Denken auch in der einer mystischen Sehweise vorbehaltenen transluziden Darstellungsart der Glasmalerei zum Ausdruck: In hochaufragenden Architekturkulissen thronend, werden hier zwei Habsburger in den Scheiben der dem hl. Michael geweiht gewesenen einstigen Herzogskapelle gezeigt, 1380/90 (obere Reihe).

Epitaphium eines Wiener Arztes
(Historisches Museum der Stadt Wien)

Die hohe internationale Stellung kommt auch in dem aus der Singertor-Vorhalle stammenden, al fresco gemalten Epitaphium zur Geltung. Es stammt von einem veronesischen, Pisanello nahestehenden Künstler und ist um 1390 entstanden.

Ansicht des Stephansdomes von Nordosten, frühes 19. Jahrhundert

Ölmalerei auf Leinwand (Historisches Museum der Stadt Wien)

Ansicht des Stephansdomes vom Graben

(Historisches Museum der Stadt Wien)

Die seit dem 19. Jahrhundert bevorzuge Ansicht des Stephansdomes vom Graben aus malte Rudolf von Alt, einer der bekanntesten Vertreter des österreichischen Biedermeier (1812–1905), in mehreren Varianten, wobei nicht nur der topographische Wert der spezifisch künstlerische Aspekt war, sondern vor allem die Absicht, die atmosphärische Stimmung einzufangen.